Inhalt

Ethik als Strategie - Was für das Gewissen gut ist, ist auch gut fürs Geschäft

Kernthesen

Beitrag

Fallbeispiele

Weiterführende Literatur

Impressum

Ethik als Strategie - Was für das Gewissen gut ist, ist auch gut fürs Geschäft

Harald Reil

Kernthesen

- Kritiker wie der Unternehmensberater Anselm Bilgri werfen einigen Großunternehmen und Konzernlenkern fehlende ethische Maßstäbe, mangelnde Bodenhaftung und Hybris vor.
- Noch ist ethisches Handeln in der Wirtschaftswelt zwar eher die Ausnahme als die Regel, doch einige Konzerne gehen bereits mit gutem Beispiel voran und bilden die Speerspitze einer Bewegung, die sich ein nachhaltigeres, sozial

verantwortungsvolleres Geschäftsgebaren auf die Fahnen geschrieben hat.
- Von diesen Unternehmen könnte eine Sogwirkung ausgehen, die auch kleinere Firmen in ihren Bann zieht, da eine Unternehmensstrategie mit ethischem Anstrich auch gut für die Geschäfte zu sein scheint.

Beitrag

Ethik aus Kalkül? So what?!

Anselm Bilgri, ein ehemaliger Benediktiner-Mönch, der den Orden verlassen hat, um als Unternehmensberater zu arbeiten, wirft Konzernen wie der Deutschen Bank und Führungspersönlichkeiten wie dem VW-Chef Martin Winterkorn fehlende Bodenhaftung, Hybris und ein mangelndes Verständnis von Ethik vor. Was diese Beispiele betrifft, mag Bilgri durchaus Recht haben, andererseits scheint es aber auch immer mehr Unternehmenslenker zu geben, die tatsächlich anders denken und ihre Firmenkultur auf der Grundlage traditioneller ethischer Werte errichten wollen. Gemeint sind damit keine CSR-Maßnahmen, die vom Verbraucher nur allzu leicht als das entlarvt werden, was sie tatsächlich sind - nämlich medienwirksame PR-Aktionen, die inszeniert werden, um den Abverkauf der eigenen Produkte oder Dienstleistungen zu fördern -, gemeint ist stattdessen ein tatsächlicher Wandel, der das Unternehmen von Grund auf auf neue Beine stellt und ethisches Handeln in das Zentrum der Unternehmensphilosophie rückt. Zwar mögen Zyniker behaupten, dass auch diese fundamentale Abkehr von gängigen Wirtschaftspraktiken allein ökonomischen Interessen dient, doch wenn im Zuge dieser Maßnahmen das oft als kaltherzig verschriene Unternehmensleben sich in der Tat bessert und auch der Konsument und die Umwelt davon profitieren, muss der Einwand erlaubt sein, den Anglo-Amerikaner so unnachahmlich lakonisch folgendermaßen formulieren: so what?! (1)

Ethische Programme noch kaum in Unternehmen verankert

Um keine Missverständnisse aufkommen zu lassen: Nachhaltiges, soziales Handeln ist in der Unternehmenswelt noch immer eher die Ausnahme als die Regel. Eine Untersuchung der EU-Kommission hat ergeben, dass sich von den rund 42 000 Konzernen, die in der Europäischen Union ansässig sind, lediglich zwischen 500 und 1 000 überhaupt mit

CSR-Fragen auseinandersetzen. Oekom Research, eine Agentur, die sich auf die Erforschung von Nachhaltigkeitsanstrengungen in Unternehmen spezialisiert hat, kommt in einer großangelegten Studie, in der sie 3 100 Unternehmen in über 50 Ländern in Augenschein genommen hat, zu dem Schluss, dass knapp 60 Prozent davon sich nur in einem Mindestmaß oder überhaupt nicht mit diesem Thema beschäftigen. Lediglich 17 Prozent der Firmen erfüllten die Basisanforderungen, die in ihrer Branche üblich seien. Das Fazit des Rates für Nachhaltige Entwicklung der Bundesregierung ist ebenfalls ernüchternd: Das bisher Geleistete in Sachen Nachhaltigkeit reiche bei Weitem nicht aus. Und dennoch: Trotz dieser wenig ermutigenden Bilanz scheint der Zeitgeist die Unternehmenswelt langsam, aber sicher zu einem ethischeren Geschäftsgebaren zu animieren. (6)

Großkonzerne als Speerspitze für mehr Ethik im Wirtschaftsleben

Dafür spricht vor allem, dass bekannte Großkonzerne eben diesen Zeitgeist erkannt haben und die Speerspitze einer Bewegung bilden, die sich ein nachhaltigeres, sozial verantwortungsvolleres Geschäftsgebaren auf die Fahnen geschrieben hat. Dazu zählen zum Beispiel die großen deutschen

Sportartikelhersteller Puma und Adidas, Bekleidungsunternehmen und Modeanbieter wie C&A, Esprit und H&M, Automobilkonzerne wie Audi oder Pharmaunternehmen wie GlaxoSmithKline. Es steht zu erwarten, dass von diesen Unternehmen eine Sogwirkung ausgeht, die auch kleinere Firmen in ihren Bann zieht - nicht zuletzt deshalb, da eine Unternehmensstrategie mit ethischem Anstrich auch gut für die Geschäfte zu sein scheint. (3), (6), (7)

Trends

Ethik als Erfolgsgarant

Ein Geschäftsgebaren, das sich von traditionellen ethischen Maximen leiten lässt, wird in Zukunft ein Erfolgsgarant sein. Davon sind Fachleute wie zum Beispiel Uwe Schoessow, der im Ethikausschuss von RICS Deutschland, dem Fachverband der Immobilienwirtschaft, über das verantwortungsvolle Handeln seiner Branche wacht, fest überzeugt. Worüber in diesem Wirtschaftszweig zumindest nachgedacht wird, scheint auch in anderen Branchen immer mehr zum Diskussionsthema zu werden. Die Textilindustrie belässt es nicht beim Reden und hat mit der gemeinnützigen Organisation "Fair Wear Foundation" sogar eine Institution ins Leben gerufen, die darüber wacht, dass entlang der Lieferkette Arbeiter aus Dritte-Welt-Ländern fair behandelt werden, einen gerechten Lohn enthalten und dass Kinderarbeit tabu bleibt. Noch gestehen zwar selbst Mitglieder der Organisation ein, dass sie noch keineswegs eine hundertprozentige Transparenz in ihren komplexen Supply Chains geschaffen haben, sie scheinen sich aber wenigstens redlich darum zu bemühen. Dieser radikale Kurswechsel hin zu mehr Ethik in der Wirtschaftswelt ist zwar lobenswert, aber natürlich alles andere als idealistisch. Unternehmen, die sich zu verantwortungsvollerem und nachhaltigerem Handeln bekennen, agieren aus markttaktischen Gründen und reagieren damit auf den Zeitgeist, der dies geradezu zu fordern scheint. Da der Zeitgeist allerdings ein launischer Gesell ist, kann niemand genau wissen, wie lange die Aussicht auf ethischeres Handeln in der Wirtschaftswelt en vogue bleibt. (4), (5)

Fallbeispiele

Social Banking trifft den Zeitgeist

Finanzinstitute, die sich im Social Banking engagieren, melden jährliche Zuwachsraten von mehr als 30 Prozent. Das Geschäftsmodell: Banken wie die

EthikBank, die GLS Bank und die Triodos Bank Deutschland investieren in Kredite und Wertpapiere, die auch strengsten ökologischen, sozialen und wirtschaftlich nachhaltigen Kriterien genügen. Weitere Pluspunkte: Die Finanzhäuser kommunizieren mit ihren Kunden offen und transparent. Sie fördern außerdem die Realwirtschaft und verzichten auf den Eigenhandel. Zwar sind diese Spezialbanken einer breiten Öffentlichkeit noch kaum bekannt, eine Gemeinschaftsstudie der Unternehmensberatung zeb/, der Alanus Hochschule sowie der puls Marktforschung hat allerdings zutage gefördert, dass nahezu jeder vierte Deutsche ab einem Alter von 16 Jahren sich dank seiner Wertewelt mit dem Geschäftsgebaren dieser Banken identifizieren könnte - das Potenzial dieser Finanzinstitute ist also riesig. (2)

Puma legt die Messlatte hoch

Puma hat in Sachen Nachhaltigkeit eine Benchmark gesetzt, die für die Branche maßgeblich sein dürfte. Der Sportartikelhersteller publizierte im vergangenen Jahr eine sogenannte Gewinn- und Verlustrechnung, in der er detailliert aufführte, welche Folgen die Produktion seiner Artikel für die Umwelt im Jahr 2010 hatte. Berücksichtigt wurden der Verbrauch von Wasser, der Ausstoß von Treibhausgasen, der

Abfallanfall, die Luftverschmutzung und die Nutzung von Land. Der ökologische Fußabdruck belief sich summa summarum auf 145 Millionen Euro. Die Wirtschaftsprüfer von PriceWaterhouseCoopers und das britische Beratungsunternehmen Trucost, das sich auf derartige Berechnungen spezialisiert hat, haben Puma bei der Kalkulation unterstützt. Ausgehend von den Erkenntnissen wird der Sportartikelhersteller in Zukunft versuchen, seine Produktionskosten zu Lasten der Umwelt niedriger zu gestalten. Eine erste greifbare Konsequenz aus diesem Anspruch sind die sogenannten Incylce-Produkte, die Puma im Oktober vergangenen Jahres der Öffentlichkeit vorgestellt hat. Alle Bestandteile dieser Waren lassen sich entweder recyceln oder sind sogar biologisch abbaubar. Auch der Konkurrent Adidas macht durch ethisch verantwortungsvolles Handeln auf sich aufmerksam. Das Unternehmen mit Sitz in Herzogenaurach hat zugesagt, die Negativkonsequenzen für die Umwelt, die sich aus der Baumwollproduktion für seine Produkte ergeben, zu minimieren. Ab 2018 will Adidas außerdem nur noch Baumwolle aus der "Better Cotton Initiative" verwenden, um den Einsatz von Schädlingsbekämpfungsmitteln und den Wasserverbrauch noch weiter nach unten zu drücken. (6)

GlaxoSmithKline unterstützt die Ärmsten der Armen

GlaxoSmithKline, eines der weltweit führenden Pharmaunternehmen mit Hauptsitz in London, hat ethisches Handeln in seinen Unternehmensleitlinien festgeschrieben und ist damit bereits mit einer Vielzahl von Preisen bedacht worden. Die Konzernleitung vertritt außerdem die Ansicht, dass diese Einstellung auch positive Auswirkungen auf die wirtschaftliche Performance des Unternehmens hat. Bisher gibt es keine Anzeichen, die dagegen sprechen. Unter der Vielzahl der Engagements des Pharmariesen sticht folgendes besonders hervor: Das Unternehmen hat sich um einen leichteren Zugang von lebenswichtigen Medikamenten in Ländern verdient gemacht, deren Bewohner die hohen Kosten für die Arzneistoffe normalerweise nicht bezahlen könnten. Zu den Medikamenten, die die Ärmsten der Armen für viel weniger Geld als Menschen reicherer Nationen beziehen können, gehören Impfstoffe gegen Rotaviren, Gastroenteritis, Pneumokokken und Meningitis. (7)

Apple zieht die Daumenschrauben an

Das Beispiel Apple zeigt, dass sich der wertvollste Konzern der Welt auch ohne strikte Ethikrichtlinien an der Spitze behaupten kann. Nachdem das Unternehmen bereits vor einigen Monaten in die Schlagzeilen geriet, weil sich Mitarbeiter seines taiwanesischen Kooperationspartners Foxconn wegen menschenunwürdiger Arbeitsbedingungen das Leben genommen hatten, macht Apple schon wieder durch Negativmeldungen von sich reden. Diesmal lässt sogar Foxconns Chefetage Kritik anklingen. Apples Qualitätsanforderungen für die Produktion des iPhone 5 seien so hoch, dass sich die damit betrauten Arbeiter schlicht überfordert fühlten. Eine der Folgen seien neben verbalen Angriffen auch physische Übergriffe von Mitarbeitern auf ihre Vorarbeiter und von Vorarbeitern auf die Kontrolleure. (8)

Weiterführende Literatur

(1) "Ich verlange mehr Demut"
aus Frankfurter Allgemeine Zeitung, 21.12.2012, Nr. 298, S. 19

(2) "Social Banking" in Deutschland Strategische Potenziale sozialökologischer Bankangebote
aus Betriebswirtschaftliche Blätter, Oktober 2012, Nr. 10, S. 580

(3) Audi im Gespräch mit der Gesellschaft

aus ddp direct Pressemitteilung vom 16.11.2012, 11:30:04

(4) Ethik bringt Erfolg ...
aus Immobilienwirtschaft, Heft 10/2012, S. 24

(5) Eine Frage der Ethik
aus TextilWirtschaft 46 vom 15.11.2012 Seite 020 bis 023

(6) Saubere Weste Der Sportartikelhersteller Puma macht vor, wie eine umfassende ökologische Strategie aussieht. Einige ziehen mit, andere mühen sich damit
aus Financial Times Deutschland vom 06.12.2012, Seite 4SA04

(7) Soziale Verantwortung bei GlaxoSmithKline
aus OTS-ORIGINALTEXT vom 15.06.2012, 10:00:44

(8) Foxconn klagt über Druck von Apple
aus Zeit online vom 08.11.2012, Nr. 46

Impressum

Ethik als Strategie - Was für das Gewissen gut ist, ist auch gut fürs Geschäft

Bibliografische Information der deutschen Nationalbibliothek

Die Deutsche Nationalbibliothek verzeichnet diese Publikation in der deutschen Nationalbibliografie; detaillierte bibliografische Daten sind im Internet über http://dnb.d-nb.de abrufbar.

ISBN: 978-3-7379-1295-2

© 2015 GBI-Genios Deutsche Wirtschaftsdatenbank GmbH, Freischützstraße 96, 81927 München, www.genios.de

Alle Rechte vorbehalten. Dieses Werk ist einschließlich aller seiner Teile – z.B. Texte, Tabellen und Grafiken - urheberrechtlich geschützt. Jede Verwertung außerhalb der Grenzen des Urheberrechtsgesetzes bedarf der vorherigen Zustimmung des Verlags. Dies gilt insbesondere auch für auszugsweise Nachdrucke, fotomechanische

Vervielfältigungen (Fotokopie/Mikroskopie), Übersetzungen, Auswertungen durch Datenbanken oder ähnliche Einrichtungen und die Einspeicherung und Verarbeitung in elektronischen Systemen.